Mauri Laakkonen

Ohtaluun takkaa

tarinoita

haikuja

runoja

taidetta

Tekstit ja taitto: Mauri Laakkonen
Murre sanojen tarkastus: Pirkko Isokääntä
Kannen kuva ja kuvat: Mauri Laakkonen

Kustantaja: BoD - Books on Demand, Helsinki, Suomi
Valmistaja: BoD - Books on Demand, Norderstedt, Saksa
ISBN: 978-952-80-3593-0

*Tässä **Ohtaluun takkaa** kirjassa kirjoitan viidennen kerran kirjan lapsuuteni murteella. Haikujen, runojen ja lyhyiden tarinoiden lomassa käytän kuvituksena kuvia Tuoli-sarjani maalauksista vuosilta 2022-23. Teos on samalla osa **KOLOME 2+1**-taidenäyttelyn, Tapion Tupa, Kalajoki, 1.12.2023-31.1.2024 kokonaisuutta.*

*Virikkeen murrekirjojen syntyyn antoi Alavieskan kunnankirjastossa vuonna 2015 järjestetty tilaisuus, jossa julkistettiin poikavuosieni muistelmat **Kossina Taluksessa** ja siellä esitetty toive paikallisen murteen säilyttämisestä.*

*Tämän, kuten aikaisempienkin kirjojeni tekstien murresanojeni tapailujen pahimpia harharetkiä on oikonut ystäväni alavieskalainen **Pirkko Isokääntä**, josta hänelle jälleen suuret kiitokset.*

Mauri Laakkonen

Julkaistut muistelmat

2015: *Kossina Taluksessa*
ISBN: 9789523182844

Julkaistut murrerunokirjat

2016: *Kossi Taluksesta*
ISBN: 9789523397996

2017: *Karvalakin alta*
ISBN: 9789515688132

2019: *Komialta näyttää*
ISBN: 9789528076155

2023: *Iliman pipua*
ISBN: 9789523302693

2023: *Ohtaluun takkaa*
ISBN: 9789528035930

Talavi tuli

Talavi tuli hittaasti hiipien. Ensin tulivat heikot pakaset, niitä säestivät kuulaat, selekiät ja pilivettömät päivät. Pilivettömyyttä kesti ja kesti, maa jääty vähitellen ja sitte alakovat satteet. Alakuun lumihiutaleet leijuvat ujjoina kohti maata, kuin keijukaiset ja maa peitty keviään huurrehuntuun. Varvikko hohti valakosena ja se oli kuin satumehtä pienoiskoosa. Suuret puutki pukkeutu vähitellen valakoseen ja hämmästytti kauneuvellaan, kun oksien lumikuorma kasvo.
Tuuli käänty koilliseen ja muuttu pohojosen viimaksi. Lunta alako tulla sakiana pyrynä.

Tauno heräs tapansa mukkaan varhain aamulla ja seiso kalsarit jalasa tuvan pöyvän ääresä. Hän seiso lankkulaattialla, raijallisen resumaton päällä ja kyhynytti jalakaterrää pohojetta vasten. Sitä kutkutti. Eilen hän oli huomannu alushousujen sauman painuneen syvälle ihhoon.
  - Mitä lie turvotusta.
Finniki punakkana hehku karvojen keskellä. Nyt sitä kutkutti, oli pakko kynsiä.

Taunon pönäkkä, länkisäärinen olemus on villi ilimestys. Aina.

Kyläläisille hän oli tuttu hahamo, jota osattiin oottaa kylänraitille tiettyjen luonnonilimiöitten jäläkeen. Hän lanasi ja aurasi kylätien, sen ainuan, joka kylän läpi oli tehty. Routimaan altis pätkä, kesäsatteisa se sai nimismiehen kiharat ja talaven lopulla jääpolanteita. Hankaluuksia kerty ussein pakasten aikaan, kun tien pinta jääty liukkaaksi. Siinä taiteilivat kaikki pysyäkseen tiellä ees pystösä. Hiekotusta ei koskaan saanu tehtyä riittävän ajoisa, etteikö joku ois sen puuttumista moittinu.

Akkunasta kahtoessaan Tauno hoksaa maiseman muuttuneen lumiseksi. On satanut lunta melekosesti yön aikana.

- Hienua, hän myhhäilee tyytyväisenä.
- Pääsee lumihommiin.
- Taijan ajjaa rattorilla, jupisee Tauno ihtekseen.
- Ny kahavit tulille!

Rivakasti Tauno nappaa kahavinkeittimen pannun kouraansa ja avvaa vesihanan. Täyttää pannun puolilleen ja kaataa lorottaa veen keittimeen. Mittaa kahavinporot suovattimeen ja kytkee virran päälle. Pian hän pääsisi lempipuuhaansa, lumenluontiin, mutta ensin aamukahavit ja voileivät. Puurua hän ei tännään keittäs. Kauraryynit ko on loppu.

Tauno jatkaa yksinpuheluaan.

- Jos saje jatkuu pitkään, teen pihhaan lajut. Niin ja koululle.
- Kaivan sukset lajosta essiin ja monot, niin ja sauvat. Teen niin ko kossina tein, oon aina ensimmäisenä pihasa hihtämäsä.
- Ne vanahat mäystimet saa kelevata, ei uusia monoja ennää kannata hankkia.
- On tuota ikkää niin palijo, ettei uusia ennää ilikiä ostaa, jäävät käyttyä vaille.

Tauno oli usiana vuonna teheny lajut myös koulun pihhaan. Se oli hänen panoksesa lasten hyväksi. Omia kun ei oo ennää omasa tuvasa. Saavat kylän kakarat hihtää kunnon lajjuilla.

Haikuja

Keheno latu
ei saa kosseja hihtään
vaikka pakottas

Mutta ko hyvät
lajut tekkee on tuuri
jos mahtuu hihtään

Kevväistä pahhaa
kelirikkua oomma
kaikki karusa

Ko lumi sullaa
vettä joka paikasa
kiusaksi asti

Haikuja

Tuluvapato
rajjaa veet jokiuomaan
pois kartanolta

Tikkakoskesa
kossit onkii ongella
pikku kaloja

Talavella voi
narrata ahavenen
pilikillä

Koskesa virtaa
vesi vihasena ko
mulli pilttuusa

Kaukokaipuu

Kevväällä Taunolla iskee kaukokaipuu. Syvän hakkaa vimmatusti ja silimät seikkailee ko akkojen hammeen helemat lyhenee. Pulliat reijet ja pönäkkä takamus ko tullee essiin. Taunolle se tekkee häijyn olon. Ei tiijjä oisko vai eikö. Ja miten ois. Toolillaki on vaikia istua paikollaan.

Kevväällä Tauno ruukaa vahata koskipaikoisa veen virtausta. Kahtua ja ihimetellä moneen kertaan ko jäät keskenään tappelee. Välliin ne katuaa ja nousee sitte alempana virrasa pintaan. Upia näytelmä se on, kevvään tulo. Joskus kossina piti lautoilla käyvvä keikkumasa ja ookata pysymistä pystösä, putuamata.

Ko pompat on pantu kesäksi säilöön, alakaa työn teko pellolla ja mehtäsä kuoritaan kuusen runkua ja nostetaan toinen toisensa jäläkeen pinnoon. Tien varsi täyttyy kaajetuista puista. Joskus jopa kartanolle kuskataan oottaan mehtää ostavien rekkoja.

Mehtätöitten jäläkeen tekemistä riittää kartanolla. On siivottava jäläkiä ja tongittava kasvimaalla. Kevätkylyvöt tehtävä. Kompostia kerättävä. Kalakkia kylyvettävä nurmelle ko sammalta lykkää. Maita tonkiesa mura lentää ja samalla tullee tongittua matoja, jotta pääsee ongelle. Panneen matua koukkuun. Pittää ehtiä. Kevät on kiirusta aikaa.

13

Haikuja

Kevväällä linnut
puuhun pessää rakentaa
munnii munia

Emolintu tuo
poikasille matoja
hyönteisiäki

Kielua kahton
ko kukkii komiasti
mäjen laijasa

Valkokukkanen
on hyvän hajunenki
hajuvesisä

Juhannus

Kartanolle Tauno kantaa toolit jonnoon aina vapuksi ko lapset ajjaa pihhaan. Siinä kartanolla ne tykkää istua tooleilla ja penkeillä jos on hyvä ilima. On siinä kakaroilla monenlaista ilimapallua ja viuhkaa ja vappunennää, hattua. Oikiaa markkinatouhua. Ovat tulleet kahtoon issää. Siittä Tauno on mielissään. Jos sattaa, mennään sisälle. Taunolla on oma lehemä ojasa. Pittää heinäkuuksi saaja porukkaa pellolle hommiin. Yksin ei ennää jaksa. Lapsilla on murrosikästä porukkaa usiampi. Heinäkuusa rippikoulun jäläkeen kossit ainaki apuna. Nuin Tauno on aatellu ja vuosi toisensa jäläkeen jäläkikasvu ossaa oottaa talakookuhtua.

Vasiten Tauno jättää juhannuksen sanomata, tietää että usiampi tullee Suomen lippua nostaan. Tärkiämpää on kuiteski kaikille juhannushera ja sauna. Löylyt savusaunasa on väkistenki parraat. Ainakin Tauno tahtoo niin uskua.

Kartanolla on vanaha tupa tyhyjillään. Sinne kesävieraat saa petinsä sijata. Vanahat hetekat oottaa jo valamiina iliman lakanoita. Ne oottaa myös hyppääjiä. Kakaroitten hommat ko tiijetään. Hetekka on menneitten vuosien rampoliini. Kukapa sitä ilua vihtii kieltää. Ei kukkaan.

15

Haikuja

Voikukka kultaa
keltasena maiseman
pihapiirisä

Alakaa lentää
siemenet tuhansisa
laskuvarjoisa

Hylijättynä
vanaha talo oottaa
kesävieraita

Nurmikon ajjoon
tullee kesällä moni
kaupunkilainen

me 2023

Haikuja

Kotua lähti
moni suurin toivein ko
tuli taantuma

Piti unohtaa
oma kartano ja pois
mennä kaupunkiin

Kaupunki kuhtu
ko palakan toivosa
vain piti lähtä

Ruusunpunane
haave, me Saab-autolla
tehtaalta tullaan

Polokkaa

Kessään kuuluu, että saa tanssata. Tauno on ollu koko ikänsä keviäjalakanen ja pyörähtellee mussiikin tahisa tuvasa. Kahtoo isosta peilistä kuvvaansa ja tylsynyttä parkettien partaveistä. Tietää hyvin, että mummuille kelepais, vaan ko ei taho. Yksin on elettävä. Yks akka sai riittää. Meni kuolemaan kesken elämän.

Vanahojen tansseista kirkolla Taunolla on hyvä mieli. Joka kuusa saa polovia notkistaa ja jos hyvin käy niin jenkkaaki ryttyyttää. Entisaikaan piti ihan tärkätysä paijasa laattialle daami hakia. Ei ennään. Kesäsin ihan t-paijasa kelepaa.

Joskus oli aika että kaupungista asti ryykäsi ravattisonnit kylän tyttöjä ja akkoja pyörittään. Omakin eukko intoutui kehumaan liukasliikkeistä rasvalettiä ko sai polokkakilipailuisa pokkaalin. Vähä se Taunua harmitti. Pari mykkää päivää piti pittää.

Viikkua myöhemmin kylällä alako kuiskustus Taunon emännän sätteilystä laattialla. Oli Säkkijärven polokka menny komiasti ja loppu onkin historiaa. Ihan sanomalehesä oli voittajista kuva. Piti Taunon taas aatella ja pittää pari mykkää päivää. Harmitus meni ohi, johan nyt toki. Emäntä lupas hänellekkin tanssitaitua opettaa. Lupasi vielä senkin, että seuraavana vuonna yhesä voitettas. No se ei koskaan totevunu, ehti kuolla poijes.

21

Haikuja

Herrojen paijjat
on kovakauluksiset
ja valakiat

Ravattisonnit
pittää ääntä ihtestään
on tyhymiä

Sisulla mentiin
työ tehtiin ja palakka
nostettiin aina

Kottia moni
varalta ennakkoon sai
ko työt alotti

Haikuja

Koti-ikävä
usiasti yllätti
muistot herätti

Ahonlaijasa
oli entinen koti
asujaa oottaa

Mansikkamaito
ja maitopotut tuli
mieleen kotua

Saajaan pepua
syyä mahan täyvveltä
ensi kesänä

Haikuja

Marijat ovat
laatikosa pusseisa
noutua vailla

Komioita on
mustikat kiisselisä
ja piirakasa

Mehtäsä kukkii
mustikka ja mettinen
pörrää kukisa

Mustikkasoppa
on kilipahihtojen
superjuomia

Marijoja

Heinäntevon jäläkeen mehtisä kypsyy mustikat. Taunon intohimo oli saaja marijat talaveksi. Ämpäritolokulla niitä sitte alako kerävyä ja niitä piti säilyä ja sopaksi keittää. Melekeen joka päivä oli mustikkasoppaa ja puurua, millon mannaa, millon riisiä tai kauraa. Hyvä ettei pepua sopalla terästetty. Evvääksiki asti mustikkasoppaa piisas.

Akan elläisä se teki mustikkapiirakkaa aitoon nisutaikinaan, josa ei värkkejä säästelty. Reilusti voita ja munnaa. Kakarat tykkäs. Varsinki kossit.

Oli asialla toinenkin puoli. Kansakouluiäsä kakarat joutu akan komennosa tämän tästä mehtään poimiin marijoja. Ahomansikoita ja mustikoita, vatukoita ja mesimarjoja. Kova oli kuri. Se opetti asioitten äärelle. Jos jotaki haluaa, pittää tehä töitä sen etteen.

Jäläkikätteen aateltuna ratkasu oli oikia. Nyt ne käyvesä aina käy ihtekki mehtäsä, vaikka ottavakki Taunon vasiten niille poimimat marijat mieluusti ihtelleen. Harvon Tauno lapsiltaan niistä maksua pyytää, ossaavat arvostaa ilimasia, ko kaupungisa kaikki maksaa.

Säilöntähommat ei oo Taunolle mielusta hommaa. Siksi naapurin akka tullee joka vuosi avuksi ja tölökittää tottuneesti mustikat, vatut ja myöhemmin puolukat. Tekkee Pulumu-puolukoita Marttojen ohojeella. Niistä Tauno tykkää. Viiliä ja puolukkaa. Herkkua.

Haikuja

Hilloja tullee
palijo ko suppoja
hirmusti suolla

Juolukoita ei
kukkaan poimi talteen ko
ei ossaa käyttää

Kaarnikat ovat
vareksenmarijoja
hyviä syyä

Puolukoista saa
hyvvää lappapuurua
sekkaan maitua

Haikuja

Vattupuskisa
on keheno liikkua
piikit riesana

Vattukiisseli
ja mannapuuro ovat
hyvvää yhesä

Ruokaaki tehhään
ja näläkä katuaa
ko kaikki syyään

Ainua ilo
on syyä maha täyteen
ko on näläkä

Haikuja

Lehemä poiki
tehhään ternimaijosta
uunijuustua

Pepu on ruoka
jota pohojanmaalla
saa ohorasta

kuuntelee
ko se pittää puhheen, niin
on hilijasta

Kova raataaja
ei muita hoksaa kuulla
se puhhuu päälle

Pittää säästää

On se huonua tallouven pitua ko velekaa velan päälle ote-
taan. Voihan sitä sanua sijotukseksi tulevaisuuteen. Ostin
ihtekki mökin velaksi ja nyt sijotuksesta on tulosa ahane
kukkarolla kävijä ko sähkön hinta nousee. Tauno on pihi
ukko, ei ruunulle haluas rahojaan syytää, ko ihtelläki olis
käyttyä. Vaan enerkiaa pittää säästää.

On ilimalämpöpumppu ja leivinuuni ja puilla lämpiävä
kiuas, ja onneksi kiintiähintanen sähkösopimus.

Ens talavena voi olla katteuvvelle tillaa ko naapurit mak-
saa kallista sähkyä ja saa valtiolta tukia. Ihte vaan sen
kymmenen rosenttia alvista, jos ennää sitäkää jakkaa ko
muuttu ministerit.

Katteus on käynnistävä voima. Täsä kuusa Pihkapuu tul-
lee kaataan pari isua koivua, saa taas pilikkua puita oikeen
olan takkaa. On sitte puuta polttaa leivinuunisa, kiukaasa
ja vesipaan alla.

Haikuja

Ulukua ja
sisältä pittää saaja
korvausilimaa

Sisä ilima
jos on tunkkasta, pittää
tehhä remontti

Vanahat karmit
on talosa vaihettu
lämpöikkunoihin

Tutkivat kaikki
ovet samalla kertaa
säästää lämpyä

Haikuja

Pohojavettä
pittää suojella, ettei
vesi pillaannu

Käjet pestävä
ja istuin pyyhittävä
joka kerralla
Marketin piha

Marketin piha
on kesätorin paikka
kirkonkyläsä

Heleppo löytää
on ihan keskustasa
liki kirkkua

Haikuja

Sunnuntaikirkko
tarjuaa ehtoollista
rippilapsille

Ruusukauppa käy
vilikkaana kaupasa
ja torillaki

Johan nyt toki
pittää saaja kahavia
hammas kolottaa

Makin paikalle
saatiin kuivakäymälä
kesän iloksi

Kipiää tekkee

Liekö kelijumpaa

ko lyyvä ohtasa laattiaan

ja olla notkia ko mato koukusa

nyt ottaa kipiää niin että pää halakiaa

eikä kiemurtelu auta

Ihtelle nauran

Ihtelleni nauran
hekottelen hölmöyvelle ja
mansikan punasille poskille ko
kusiaispesän asukkaat on kimpusa
orava kahtoo menua
koivun oksalta

Vino pino

Kahtoin vinua pinua
miten lie koottua, kierua
melkeen taitaa kaatua

Sahhaajalla ollu saha
josa ei oo terä kunnosa
   ja käsi
     joka ei ossaa läjätä

Pannu rantteella
puut vinnoon pinnoon
ko kierosilimäne
   melekeen sokia

Palijo on tullu silippua
enämpi ku osumia

mutta sitkiä se on ollu
hakannu ja pinonnu
monta sattaa halakua
ennen talaven tulua

Mietin
ossaa se tavallaan
tehä hommasa ajallaan

Taas tullee

Ellää ken tahtoo
sallittu on pittää
päiviensä lukua

Vuojet kasavuu
numerot lisävyy
jokku hämmästyy

Ryppyjen määrä
on vakio
piilosa ovat aikansa

Sitte kahtot
huulet pyöriänä
ko ylähuuli on täynnä uria

Hiukset harmajat
ovat ajan merkkaajat
vuojesta toiseen

Mitä pitemälle ellää
sitä merkitymmäksi
tullee ruppi ja pää

Hehkiästä tullee
kapia aijan seiväs
yli ei hypitä
    Se koittaa luontua

Korona tukka

Tihiä on vielä tukka
ko hiuksista sittoo letin
se on komia ko nisuranssi
ko pään ympäri kiertää

Ihana ruunu pääsä
iliman helemiä ja
timantikki puuttuu
mutta hyvä, johan nyt toki

Kehtaa juhannusta juhulia
mekon päälle pukia
huuliin punnaa ja jalakohin
korkiakorkoset kengät

Kossit ryyppää
nurkan takana kilijua

Rotesti

Ryhymme rotestoimaan
alamma lakkoilla
paamma hanskat naulaan

Pittää saaja enämpi rahhaa
pittää voijja ostaa ja tuhulata
ja saaja parempi palakka

Maksamma verua vähä kaikesta
ja kaikesa pittää olla nuuka
ko rupiaa hinnat kohuammaan

Aamulla puurua keitän
päivällä kuoripottuja ja soosia
ohorarieskalle vähä voita

Syksy ja talavi tullee ja
kylymät ilimat, ehkä pakasetki
ko nurkisa paukkuu

Sitte alamme talakoisiin
rantteella puita pilikkomaan
ja piisiin tulia pannaan

Yks

Melekeen hävettää
ko tuo hävitön puhhuu
räävittömän tappaansa

Toki joskus asijaakin

Sannoo suoraan
ja nauraa päälle
ko ois vitsi koko elämä

Niin leuhka otus
pahempi ko pullon henki
velemuilee ja välliin kiruaakin

Vaan olisko kylä mittään
iliman yhtä
tai usiampaa kylähullua

Pomoille kiitos

Johtua saa kiittää
että josaki hommat
tehhään oikiaan aikaan
ja kahavit hörpätään
ko on niijjen aika.

Usiammin
ko yhen kerran
oon räknänny tunteja
jokka hupenee silimisä
eikä urakka etene.

Kirijan nimi

Kirijotin kirijan
aattelin runnoilla
ko en muuta ossaa
ku sotkia taulun pohojat
toolien kuvilla.

Hoksasin ihte
    että voi tooleja piirtää
tuli aateltua
    ohtaluun takkaa.

Tuostapa kirijalle nimi

Kiitokset

Lämmin kiitos taiteilijaystävilleni
Sini Pirille *ja* **Inkeri Julkuselle**

KOLOME *2+1-näyttely*
Tapion Tupa, Kalajoki
1.12.2023-31.1.2024

Kiitos
Veijo ja Saija Juola

Kiitos
Tapion Tupa

Kiitos
Pirkko Isokääntä

Kiitos
Leila Kastelli

Kirjan kuvitus; Mauri Laakkosen akryylimaalaukset